ANGÉLINA

OU

AMOUR ET MYSTÈRE,

COMÉDIE-VAUDEVILLE EN UN ACTE.

PAR M.***

REPRÉSENTÉE POUR LA PREMIÈRE FOIS, A PARIS, SUR LE THÉATRE DU GYMNASE DRAMATIQUE, LE 1er AOUT 1842.

Prix : 30 centimes.

PARIS,

Chez **MARCHANT**, éditeur du MAGASIN THÉATRAL, boulevard Saint-Martin, 12.

1843

ANGÉLINA

AMOUR ET MYSTÈRE

COMÉDIE-VAUDEVILLE EN UN ACTE

PAR *

Représentée, pour la première fois, à Paris, sur le théâtre de Grenelle-Beaugrenelle, le 15 août 1875.

Prix : 1 fr. 50 centimes

PARIS

E. DENTU, éditeur, au Palais-Royal, boulevard à sa Maison, 15

1875

ANGÉLINA

OU

AMOUR ET MYSTÈRE,

COMÉDIE-VAUDEVILLE EN UN ACTE,

D'après la pièce originale de PAIN, (Joseph Marie)

PAR M. *** Lewis-Poirson

REPRÉSENTÉE, POUR LA PREMIÈRE FOIS, A PARIS, SUR LE THÉATRE DU GYMNASE-DRAMATIQUE,
LE 1ᵉʳ AOUT 1842.

NOTA. Rendre au public la représentation de ce délicieux vaudeville, est la seule gloire que M. ***
ait ambitionnée. Sa récompense est dans le succès qu'a obtenu la pièce ainsi renouvelée.

PARIS.
MARCHANT, ÉDITEUR DU MAGASIN THÉATRAL,
BOULEVARD SAINT-MARTIN, 12.

1843

DISTRIBUTION.

PERSONNAGES.	ACTEURS.
ANGÉLINA D'HÉRIGNY.	Mlle NATHALIE.
VICTOR.	M. DESCHAMPS.
FÉLIX.	M. JULES LUGUET.

S'adresser, pour la musique, à M. HEISSER, au Gymnase.

ANGÉLINA

ou

AMOUR ET MYSTÈRE,

COMÉDIE-VAUDEVILLE EN UN ACTE,

D'après la pièce originale de PAIN.

La scène se passe dans un vieux château, aux environs de Lyon.

Le théâtre représente un appartement du vieux château. Une porte de fond; deux portes latérales fermant deux chambres; au-dessus de l'une d'elles un œil-de-bœuf; deux tableaux de chaque côté de la porte du fond, dont l'un masque une porte. Une table et ce qu'il faut pour écrire; une fenêtre.

SCÈNE PREMIÈRE.

ANGÉLINA, *une lettre à la main. Elle s'arrête à la porte du fond, et est censée parler à quelqu'un qui reste en dehors.*

C'est bien, Joseph! je suis très-contente. Retirez-vous maintenant et prenez garde qu'on ne vous aperçoive... (*Elle va écouter à la porte du cabinet à gauche.*) Point de bruit dans la chambre de Victor. (*Elle va à l'autre.*) Même silence dans celle de Félix... Ils dorment... Allons, Angélina... Il est un peu hardi mon projet... et nos dames françaises blâmeraient sans doute mon étourderie... mais je suis né sous le ciel des Antilles... le sang créole coule dans mes veines... et mon imagination vive se plaît à mettre à exécution le petit roman qu'elle a conçu... Qu'en résultera-t-il ?... un mariage... peut-être !... mais moins disproportionné, et beaucoup plus gai, j'espère, que celui que mes parents me firent contracter, et dont la mort a brisé la chaîne.

Air : *L'Hymen est une loterie.* (Jeunesse orageuse.)

Par un hymen de convenance,
Par un lien triste et bourgeois,
Qu'avait formé l'obéissance,
Mon cœur flétri s'affligea bien des fois.
Que le bonheur m'en dédommage;
J'ai bien le droit de l'espérer un jour;
Car j'ai connu le mariage,
Et je n'ai pas connu l'amour;
Oui, j'ai connu le mariage,
Et je veux connaître l'amour.

Relisons la lettre de M. Verdier, mon homme d'affaires de Lyon. (*Elle lit.*) « Madame, vous ne » vous étiez pas trompée; l'un des deux jeunes » gens que vous avez rencontrés à Lyon ces jours » derniers est ce cousin que l'on croyait mort et » avec lequel vous devez partager la riche suc- » cession que vous avez recueillie à la Martini- » que... » (*S'interrompant.*) Oui, s'il devient mon époux.... (*Continuant.*) « L'un s'appelle Victor, » l'autre Félix. » Belle découverte! « Mais je n'ai » pu savoir lequel est d'Hérigny, votre parent. » Maladroit! « Après la peine que vous vous êtes » vainement donnée avant votre départ, vous ne » devez pas être surprise que tous mes efforts » aient été également inutiles. On n'a pu me dire » à l'hôtel où ils logent, que ce dont vous êtes » déjà instruite vous-même, et ce qui vous a dé- » couvert que l'un d'eux est votre parent; savoir » qu'une lettre arrivée au nom de d'Hérigny

» était pour eux, mais que remise dans leur
» chambre, on n'a pu connaître pour lequel. Il
» paraît qu'ils ont des motifs de cacher leurs
» noms. » C'est assez clair... « Car ils ne reçoivent
» personne, ne sortent que le soir et font fort peu
» de dépense. Enfin ils partent demain pour Pa-
» ris, et voyagent à pied ; ainsi point de postil-
» lons à séduire. Joseph partira deux heures
» avant eux, les attendra sur la route, s'offrira
» pour les guider dans un chemin de traverse,
» et les égarera à la porte du château. » Tout
cela, de point en point, s'est fait hier au soir. Joseph est expéditif. Il fallait les voir hésiter de
frapper à la porte pour demander asile... La porte
s'ouvre, se referme sur eux, personne chez le con-
cierge, personne dans le vestibule; mes domestiques sont intelligents ; les dispositions de ce vieux
château me favorisent; et je puis les étonner à peu
de frais. Mais lequel est mon cousin?... Il est
pourtant de toute nécessité que je parvienne à le
découvrir... En mourant à la Martinique, notre
oncle commun, pour réparer les torts qu'il eut
jadis envers un frère, a exigé de moi que je m'u-
nisse avec ce cousin, et je m'y suis engagée... je
pourrais sans doute lui donner la moitié de ma
fortune et rester libre... mais ce serait bien sim-
ple, bien vulgaire, pour moi... pour mon carac-
tère un peu aventureux... d'ailleurs je ne rempli-
rais pas ainsi les intentions de mon bon oncle, à
qui je dois tant... et je me le reprocherais... Que
faire?... A Lyon un de ces jeunes gens, malgré
moi, a frappé mes regards plus que son ami...
c'est mon cousin sans doute... il faut que ce soit
lui... Enfin employons tout pour le savoir...

AIR : *Que d'établissements nouveaux.*

Du sort de mon jeune cousin
Un testament me rend maîtresse ;
D'Hérigny doit avoir ma main
Ou la moitié de ma richesse.
Ce soir je lui donne, en ce cas,
Pour prendre un parti raisonnable,
Son argent, s'il ne me plaît pas ;
Sa cousine, s'il est aimable.

J'entends du bruit... ils sont éveillés... (*Allant auprès de la porte à gauche et grossissant sa voix.*) Victor!

VICTOR, *en dehors.*

Un moment!...

ANGÉLINA, *à l'autre porte.*

Félix!...

FÉLIX, *de même.*

Je suis à toi...

ANGÉLINA.

Eh! vite, échappons-nous.

Elle sort par la porte du fond, qu'elle ferme en dehors.

SCÈNE II.

VICTOR, FÉLIX, *paraissant chacun à la porte de sa chambre.*

VICTOR.

Tu es bien pressé...

FÉLIX.

C'est toi qui m'appelles?

VICTOR.

Non, c'est toi!...

FÉLIX.

Je l'ai bien entendu !

VICTOR.

Je ne l'ai pas rêvé.

FÉLIX.

Allons, c'est encore l'esprit... le château est en-
chanté.

VICTOR.

Nous désirions une aventure romanesque...

FÉLIX.

Quelque fée aura été amoureuse de moi.

VICTOR.

Toujours de l'amour-propre...

FÉLIX.

Adieu !... je vais visiter le château du haut en
bas... (*Il va à la porte.*) Eh bien, Victor, la
porte est fermée...

VICTOR.

La fée craignait que tu ne lui fisses quelque
infidélité...

FÉLIX.

Comment! prisonnier !... j'espère qu'on ne fera
pas durer longtemps cette plaisanterie...

VICTOR.

Pourquoi pas?... elle est fort bonne... j'aime
assez cette auberge...

FÉLIX.

Au fait, un souper délicieux !...

VICTOR.

Un lit excellent !...

FÉLIX.

Le mien est un vrai lit de chanoine. On m'attendait...

VICTOR.

On nous attendait, mon cher Félix. Je l'ai con-
signé dans notre journal.

FÉLIX.

Tiens! notre journal, j'y pensais en m'éveillant.
Depuis notre départ de Lyon nous n'avons rien
écrit...

VICTOR.

C'était une lacune... quelle perte pour l'histoire !

AIR : *J'aime ce mot de gentillesse.*

Que n'avons-nous la verve heureuse
De Chapelle et de Bachaumont !
On voit leur muse voyageuse
Presque au sommet du double mont.
Ils allaient, semant à la ronde,
Leurs mots piquants, leurs vers joyeux ;
Et tandis qu'ils couraient le monde,
La gloire courait après eux.

FÉLIX.

Et avant de t'endormir, tu as pris des notes?...

VICTOR.

Au crayon. Un mot sur chaque aventure... on
rédige après à tête reposée...

FÉLIX.

Pour la postérité. Voyons tes notes, et récapitulons ensemble les faits mémorables de notre voyage.

VICTOR *jette de temps en temps les yeux sur le journal et s'interrompt.*

Amis d'enfance et ne nous étant jamais quittés...

FÉLIX.

Suite d'un pacte fait entre nous, en date de notre première année au collége... et qui, pour n'avoir pas été passé devant notaire, n'en est pas moins authentique...

VICTOR.

Nous avons juré de mettre tout en commun, et de partager sans cesse la bonne ou mauvaise fortune l'un de l'autre...

FÉLIX.

Oreste et Pylade, Damon et Pithias, Nisus et Euryale, nous sommes aujourd'hui les représentants des anciennes amitiés... mythologiques..... bien plus... ils étaient deux... nous ne sommes qu'un en deux corps.

VICTOR.

Après avoir usé, abusé même de tous les agréments de Paris... toi du moins, car moi, je suis le plus jeune, mais le plus sage...

FÉLIX.

Monsieur Victor a aussi son amour-propre...

VICTOR.

La manie de voyager s'empare de nous ; en réalisant toutes nos ressources, riches à nous deux de cinq à six mille francs... nous croyons avoir devant nous de quoi faire le tour du monde; et la curiosité nous conduit d'abord dans cette Rome fameuse où Lucrèce fut si chaste...

FÉLIX.

Où les femmes sont si bonnes!...

VICTOR.

Où, comme partout, les plaisirs coûtent si cher...

FÉLIX.

Et l'argent dure si peu...

VICTOR.

Nous prenions les uns... comme nous dépensions l'autre, sans compter...

FÉLIX.

Compter! fi donc!

Air : *Restez, restez, troupe jolie.*
Mon cher, lorsqu'on parle à la ronde
De l'ami le plus obligeant,
Ou de l'ami de tout le monde,
Ne dit-on pas que c'est l'argent ?
Or, je pense qu'il nous faut suivre,
Entre nous, ce principe admis...
Il n'est pas bien, quand on sait vivre,
De compter avec ses amis.

VICTOR.

Sans doute... mais il faut compter avec son hôte... ce fut alors que la maladie du pays nous gagna, et laissant notre cœur à nos belles et nos effets à nos fournisseurs... plus une malheureuse lettre de change pour laquelle, comme étrangers, on s'avisait de nous poursuivre activement, nous quittâmes à cinq heures vingt-cinq minutes du matin la ci-devant maîtresse du monde...

FÉLIX.

Pédestrement !... Vive l'économie quand on n'a plus rien ! et d'ailleurs ne sommes nous pas artistes...

Air de *l'Artiste*, ou *Dans la vigne à Claudine*.
L'artiste à pied voyage,
Sans bagage et sans frais;
Du moins son équipage
Ne se brise jamais.
Il s'arrête, il s'avance;
Le ciel mit, par bonté,
Devant lui l'espérance,
Près de lui la gaieté.

VICTOR.

C'était là notre allure :
Nous égarions nos pas ;
Cherchant mainte aventure
Que nous ne trouvions pas.
Pour la bourse commune
Ne craignant jamais rien,
En narguant la fortune,
Qui nous le rendait bien.

FÉLIX.

Enfin, nous te revoyons, ô France, ô ma patrie! Victor, nous mettrons là une belle tirade!

VICTOR.

Oui ! à tous les cœurs bien nés... et à peine sur le territoire de cette patrie si chère, un certain monsieur d'Erlac nous cherche une querelle d'Allemand... d'Hérigny se bat avec lui...

FÉLIX.

Et voilà ce d'Erlac rayé du nombre des vivants...

VICTOR.

Un historien doit être véridique; nous ne sommes pas certains qu'il soit mort.

FÉLIX.

Tu as raison... il faut même espérer qu'il n'en sera que pour quelques jours d'arrêts forcés dans son lit.... Mais, vu la récente législation sur le duel, qui pourrait nous occasionner de nouveaux désagréments... nous quittons nos noms de famille... et changeons même nos noms de baptême...

VICTOR.

Moi, je prends celui de Victor... par le désir que j'ai de vaincre...

FÉLIX.

Moi, celui de Félix, parce que je suis souvent vainqueur, et par conséquent heureux... Cette métamorphose était sage afin de neutraliser les effets d'une lettre de change infiniment peu acquittée...

VICTOR.

Évitant ainsi les taquineries de la police correctionnelle et du tribunal de commerce...

FÉLIX.

Nous voyageons plus tranquillement, nous arrêtant en observateurs dans toutes les grandes villes qui se trouvent sur notre passage... Mais bientôt nos faibles ressources s'épuisent... et je me remets à faire des portraits...

VICTOR.
Et moi, je recommence à donner des concerts.
FÉLIX.
C'est alors que nous arrivons à Lyon, où j'embellis en miniature toutes les femmes qui ont recours à mon pinceau, pendant que tu joues des mélodies très-burlesques, et que tu chantes des chansonnettes grivoises très-sentimentales... Enfin dans un bal où nous sommes invités par hasard...
VICTOR.
Nous voyons une femme charmante, nous en devenons amoureux...
FÉLIX.
Elle nous observe avec des yeux... singuliers... Et de plus nous nous apercevons qu'elle me fait suivre...
VICTOR.
Tu ne te corrigeras pas... Qu'elle nous fait suivre!... Ce qui pique notre curiosité... Nous voulons la revoir... nous la cherchons dans tous les bals, les concerts, les spectacles...
FÉLIX.
Disparue!... évaporée comme une ombre...
VICTOR.
Comme un rêve enchanteur... impossible de la retrouver, ni de savoir qui elle est ; et dans notre désespoir...
FÉLIX.
Nous partons pour Paris!
VICTOR.
Toujours à pied... on abrége le chemin, et un peintre peut s'écarter de la route pour visiter les bois, les montagnes... Non loin de Villefranche, un voyageur que nous rencontrons s'offre de nous conduire par un chemin de traverse ; il s'égare, nous égare, je crois... la nuit vient, et nous nous trouvons près de ce château mystérieux...
FÉLIX, *prenant le journal*.
C'est là que finissent nos aventures.

Air : *Vaudeville du Charlatanisme*.

Qu'il est mince notre journal !
Vite, mon cher, taillons nos plumes...
On paye un ouvrage assez mal
S'il n'a pas beaucoup de volumes.
Aisément nous inventerons...
VICTOR.
A quoi bon?
FÉLIX.
Ce pèlerinage,
Un jour nous le continuerons ;
Pour voyager, en ce cas, nous vendrons
Nos impressions de voyage !

VICTOR.
Quelle folie! et cette cousine de la Martinique...
FÉLIX.
Tu crois que nous toucherons la moitié de la succession?
VICTOR.
Que nous partagerons toujours en frères, n'est-ce pas?...

FÉLIX.
Certainement... mais pour commencer le partage, s'il pouvait nous tomber quelques cinquante louis comptant, en avance d'hoirie...
VICTOR.
Tu te contenterais de si peu...
FÉLIX, *frappant sur son gilet*.
Écoute donc... c'est un vaste désert... et en pareille circonstance, cinquante louis en espèces portatives ; par exemple, en or...
VICTOR.
Quelle chimère!...
L'œil-de-bœuf s'ouvre, et une bourse tombe à leurs pieds.
FÉLIX.
Chimère!... tiens!...
VICTOR, *la ramassant*.
Une bourse!
FÉLIX.
Et de l'or, ma foi!...
VICTOR.
Que dis-tu de tout ceci?
FÉLIX.
Que l'on nous écoutait, que l'on nous veut du bien, c'est évident... et qu'il faut nous laisser faire... (*Prenant la bourse.*) Je suis notre trésorier...
VICTOR.
Soit! mais il faut absolument voir l'être mystérieux qui nous donne une si gracieuse hospitalité... Tous ces enchantements sont inexplicables...
FÉLIX.
Et nous sommes sous clef!... Victor, il me vient une idée sinistre!... Si l'on nous avait attirés ici pour nous avoir sous la main... ce maudit chiffon de papier m'inquiète.
VICTOR.
Y penses-tu?... quand on nous envoie de l'argent pour le payer...
FÉLIX.
Tu as raison,... mais alors le duel... on est très-sévère sur cet article aujourd'hui...
VICTOR.
Quelle apparence?...
FÉLIX.
Tenons-nous toujours sur nos gardes...
VICTOR.
C'est à toi surtout qu'il faut recommander cela.
FÉLIX *est allé vers la porte du fond; on entend tourner une clef.*
Ah! enfin la porte est ouverte... Si nous allions visiter le château, en commençant par la salle où nous avons trouvé hier un si joli souper...
VICTOR.
Souper mystérieux comme le reste... auquel nous avons été obligés de nous servir nous-mêmes.
FÉLIX.
C'est vrai, pas la moindre apparence de do-

mestique... Mais c'est égal ; que je trouve seulement un déjeuner dans le même genre... Viens-tu ?...

VICTOR.

Tout à l'heure... tu sais que nous nous sommes promis dorénavant d'inscrire jour par jour toutes nos aventures sur notre journal ; il faut que je le mette en ordre... J'irai te rejoindre.

FÉLIX.

Eh bien ! je vais t'attendre... ne tarde pas trop.

Il sort.

SCÈNE III.

VICTOR, seul.

Je ne puis revenir de mon étonnement... Quelle est la maîtresse de ce château ? Car je gagerais que c'est une femme... celle de Lyon peut-être ? Elle était si jolie !... que n'est-elle ici, que ne peut-elle m'entendre... Oh ! si je savais son nom !

UNE VOIX.

Angélina !...

VICTOR.

Angélina !... quelle jolie voix !... quel joli nom !...

AIR : *Petite fleur du bois*, ou *Monsieur, parlez plus bas*.
(Jeunesse orageuse.)

Aimable Angélina,
Parais, ma voix t'appelle ;
Un cœur tendre et fidèle
Dès qu'il te vit, brûla !
Depuis ce moment-là,
Toujours, dans ma pensée,
Ton image tracée
Jamais n'en sortira !
 Je tremble, j'espère,
 En t'adorant toujours !
A toi ma vie entière,
A toi tous mes amours.
Admirant ses attraits,
En dansant avec elle,
Quand je l'appelais belle,
Je la nommais déjà.
Ici, je sais son nom ;
Mon cœur ose l'attendre
Avec émotion...
Viendra-t-elle ? hélas ! non.
Faisons encore entendre
Mon invocation ;
Aimable Angélina,
Parais, ma voix t'appelle ;
Un cœur tendre et fidèle
Dès qu'il te vit, brûla !
Depuis ce moment-là,
Toujours, dans ma pensée,
Ton image tracée
Jamais n'en sortira.
 Je tremble, j'espère,
 En t'adorant toujours !
A toi ma vie entière,
A toi tous mes amours.

Point de réponse !... Angélina !... charmante Angélina ! Elle n'y est plus; cherchons dans tout le château, allons rejoindre Félix. (*Il se trouve près de la fenêtre.*) Eh mais, je l'aperçois... Félix ! Félix !... Que vois-je ? une robe flottante.. c'est une femme, elle fuit... Félix court après elle... Un moment ! et moi donc !...

Il sort précipitamment.

SCÈNE IV.

ANGÉLINA, *seule ; elle entre par la porte masquée.*

A merveille ! ma femme de chambre exécute fort bien mes ordres... Poursuivez-la... grâce au labyrinthe qui se trouve au bout du parc, elle vous échappera... D'ailleurs c'est une femme qui ne se laisse jamais attraper... c'est un sujet très-rare... J'ai fait tous mes efforts pour écouter leur conversation, mais j'ai beaucoup perdu, et je ne suis pas plus avancée... Lequel est mon cousin ? Ils lisaient quelque chose... (*Elle va prendre sur la table le papier que Félix y a laissé.*) Ceci, je crois... oui... journal de voyage ! (*Elle le parcourt.*) Que de folies... j'ai entendues celles-là ! (*Elle retourne la feuille et parcourt encore.*) Un duel de d'Hérigny avec un monsieur d'Erlac... c'est donc pour cela qu'ils cachent leurs noms... qu'ils ont même changé peut-être leurs noms de baptême... Mais encore une fois lequel est d'Hérigny ?... (*Comme saisie d'une idée.*) Oh ! je le saurai... pourquoi pas... Cet habit militaire que j'ai fait faire à Lyon pour le bal costumé de la préfecture... Excellente idée... une nouvelle instruction à mes invisibles domestiques, grands fracas dans la cour, entrée magnifique.

AIR : *C'était Renaud de Montauban.*

Pour arriver au temple de l'hymen
Un tel chemin est le plus long, sans doute ;
Mais le plaisir me conduit par la main,
Il saura bien m'égarer sur la route.
Puisque lui seul doit faire tous les frais
 De cet innocent badinage ;
Amusons-nous avant le mariage ;
 En sera-t-il de même après ?
Il n'en est pas toujours de même après.

Allons nous métamorphoser... Ah ! j'oubliais, et mon portrait... (*Elle le tire de son sein et le pose sur la table.*) Est-ce à Victor ? est-ce à Félix ?... J'aimerais bien mieux que ce fût... enfin. (*Elle met un papier sur le médaillon et écrit en parlant.*) « A l'un de vous deux !... » Voyons si l'amour ou le hasard le fera parvenir à sa véritable adresse !... On vient ; vite à ma toilette.

Elle sort par la porte masquée.

SCÈNE V.

FÉLIX, *puis* VICTOR.

FÉLIX.

En vérité !... c'est une sylphide... je suis tout essoufflé... (*A Victor, qui entre.*) Eh bien, as-tu été plus heureux que moi ?

VICTOR.

Laisse-moi reprendre haleine... Ah! mon Dieu, quelle femme!

FÉLIX.

Au moins si elle s'était retournée...

VICTOR.

Dix fois je me suis vu près d'elle; mais elle disparaissait tout à coup...

FÉLIX.

Elle s'est dérobée à mes regards sans que je puisse deviner où elle s'est cachée.

VICTOR.

Félix! je crois qu'on se moque de nous.

FÉLIX.

Franchement, j'en ai peur!...

VICTOR.

La fée aura su que tu étais avantageux, et elle veut te donner une leçon.

FÉLIX.

Mais alors, toi, modeste Céladon, pourquoi te faire partager ma disgrâce?

VICTOR.

Voilà ce que c'est que d'être en mauvaise compagnie...

FÉLIX.

Ce qui me fâche le plus, c'est de n'avoir rien trouvé dans cette jolie salle à manger qui était hier si bien garnie.

VICTOR.

Nous ne sommes pas les maîtres de la maison, et nous devons attendre l'heure du châtelain ou de la châtelaine... car nous savons à présent qu'il y a une femme dans le château.

FÉLIX.

Bien plus, je sais son nom...

VICTOR.

Et moi aussi.

FÉLIX.

Elle s'appelle Juliette!

VICTOR.

Du tout... Angélina!...

FÉLIX.

Puisque dans le parc j'ai entendu prononcer le nom de Juliette...

VICTOR.

Puisque l'on m'a dit ici celui d'Angélina...

FÉLIX.

Elles sont deux... c'est bien plus drôle!... A moi Juliette!

VICTOR.

A moi Angélina!... il ne s'agit plus que de voir nos belles fugitives.

FÉLIX.

Cours après elle si tu veux... moi, mon avis est d'attendre; on ne tardera sans doute pas à nous mettre à quelque nouvelle épreuve, et tandis qu'on nous laisse un moment de repos, j'ai envie de consigner dans notre journal les événements de la matinée. (*Tout en parlant il s'est dirigé vers la table.*) Ah! grands dieux! un portrait! Il le prend, ainsi que le papier, et l'apporte sur le devant de la scène.

VICTOR.

Un portrait?... (*Le regardant.*) Eh mais, tu ne reconnais pas? c'est la dame de Lyon!

FÉLIX.

Au fait, il y a quelque chose...

VICTOR.

Mais est-ce Juliette?... est-ce Angélina?

FÉLIX.

Qu'importe! nous le saurons plus tard. Ce qu'il y a de certain, c'est que c'est la dame de Lyon, que j'ai eu le bonheur de lui plaire, et qu'elle me donne son portrait.

Il le met dans sa poche.

VICTOR.

Un moment!... Il m'appartient comme à toi... d'ailleurs voyons ce papier qui l'enveloppait.

FÉLIX, *lisant.*

« A l'un de vous deux. » Il est clair que c'est pour moi.

VICTOR.

Ah ça, je suis aussi l'un de nous deux, ce me semble!...

FÉLIX.

Tiens, ne nous brouillons pas... elle seule peut décider de la querelle; elle nous écoute peut-être, prions-la de venir prononcer...

VICTOR.

Volontiers!

FÉLIX.

AIR *de la belle Marie.*

Belle aux galants mystères,
Viens dire ton secret;
Celui que tu préfères
Doit garder ton portrait.

VICTOR.

A certain bal je me rappelle
Qu'auprès d'elle j'étais placé!
Pour intéresser cette belle,
Avec elle, moi, j'ai dansé.
Avec elle, moi, j'ai valsé!

VICTOR, *parlant.*

Ah! si tu as valsé avec elle!...

ENSEMBLE.

Belle aux galants mystères, etc.

VICTOR.

Pour moi son regard était tendre!

FÉLIX.

Sous mes doigts a frémi sa main.

VICTOR.

On a voulu me faire entendre
Qu'on n'a pas un cœur inhumain.

FÉLIX.

Tout bas on m'a dit : A demain!

FÉLIX, *parlant.*

Ah! si elle t'a dit à demain!...

ENSEMBLE.

Belle aux galants mystères,
Viens dire ton secret;
Celui que tu préfères
Doit garder ton portrait.

On entend claquer un fouet.

FÉLIX, *courant à la fenêtre.*
Qu'est-ce que c'est que ça? Dis donc, Victor, il nous arrive de la société!
VICTOR.
Est-elle nombreuse?
FÉLIX.
Un seul homme...
VICTOR.
J'aimerais mieux que ce fût une femme.
FÉLIX.
Un militaire... Il descend de cheval... Bonne tournure tout à fait!
Il salue.
VICTOR.
Que fais-tu donc là?
FÉLIX.
Je lui rends son salut... (*Parlant par la fenêtre.*) Oui, monsieur, l'escalier à gauche... (*Revenant sur le devant de la scène.*) Il est fort joli garçon, ma foi.
VICTOR.
Tant pis!
FÉLIX.
Bah! c'est un tout jeune homme... Quant à moi, je n'ai pas grand'chose à craindre.
VICTOR.
Oh! toi, tu ne doutes jamais de rien... mais moi, je ne suis pas si tranquille; c'est peut-être un soupirant d'Angélina...
FÉLIX.
Ou de Juliette.. mais qu'importe?
VICTOR.
Il faut tâcher de l'éconduire...
FÉLIX.
Chut! je l'entends. Voyons ce rival si redoutable!...

SCÈNE VI.

LES MÊMES, ANGÉLINA, *en officier.*

ANGÉLINA, *entrant.*
Eh quoi! pas un domestique! personne... Ah! messieurs, je vous salue. C'est sans doute aux maîtres du château que j'ai l'honneur de parler? Je me nomme le lieutenant Forcemont, partisan de tous les plaisirs, ami de tous les arts, militaire par goût, voyageant pour me distraire... et charmé de faire votre connaissance.
VICTOR.
Soyez le bienvenu, lieutenant... Mais nous devons vous apprendre...
ANGÉLINA.
C'est un désert que votre château... comment! il faut arriver jusqu'au salon pour voir un être vivant!... Je pars de Lyon ce matin, je rencontre sur ma route un homme assez causeur... le soleil commençant à nous incommoder, mon voyageur me propose de gagner la forêt, et après quelques heures de marche, nous nous trouvons... ou plutôt je me trouve auprès de votre château, car mon homme avait disparu; j'ignore le chemin, je suis fatigué et je viens vous demander la permission de me reposer chez vous.
FÉLIX.
Votre histoire est la nôtre, lieutenant; nous ne sommes pas les maîtres du château, nous l'habitons depuis hier au soir, et à l'exception du cheval dont je viens de vous voir descendre, nous avons été amenés ici de la même manière.
ANGÉLINA.
En vérité! mais cela tient du roman!...
VICTOR.
Aussi, depuis que nous y sommes, nous ne savons encore que penser de ce mystérieux asile.
ANGÉLINA.
Du mystère, du bizarre... c'est charmant!... Je vois que ma bonne étoile m'a conduit en ces lieux, et si vous le voulez bien, messieurs, nous courrons ensemble les mêmes aventures.
FÉLIX.
Il paraît que ces dames veulent faire une collection de jeunes gens aimables.
ANGÉLINA.
Il y a des femmes ici?
VICTOR.
Nous ne les avons pas encore vues... à peine même savons-nous leurs noms.
ANGÉLINA.
Et vous êtes dans ce château depuis hier?... Ah! messieurs, je vous aurais cru plus d'adresse! C'est donc à moi qu'est réservé l'honneur de vous les faire connaître. Je vais à la découverte, et avant peu je vous les ramène!
VICTOR.
Un moment, lieutenant; elles ne sont que deux, et nous sommes les premiers venus!...
ANGÉLINA.
Rassurez-vous; il m'est impossible d'être votre rival. J'avouerai cependant que parfois j'ai fait des conquêtes... mais aucune femme ne peut se vanter d'avoir reçu de moi le plus faible hommage, la moindre déclaration... En Afrique, d'où je suis parti il y a deux mois environ, nous avions bien autre chose à faire... D'ailleurs l'amour n'est-il pas une folie?
FÉLIX.
Oh! nous ne le traitons pas bien sérieusement non plus...
ANGÉLINA.
A la bonne heure! (*A part.*) Attaquons leur amour-propre. (*Haut.*) J'ai toujours eu une estime particulière pour les étourdis... jamais je n'ai manqué une occasion de me rapprocher d'eux. Dernièrement, profitant de mon congé pour voyager, je me suis rendu en Italie... et ce qui m'a beaucoup contrarié c'est d'arriver à Rome deux jours trop tard.
FÉLIX *et* VICTOR.
A Rome!...
ANGÉLINA.
Voyez si ce n'est pas jouer de malheur: deux de nos compatriotes, jeunes et fort aimables, dit-on,

en étaient partis la veille..., deux artistes... l'un peintre, l'autre musicien...

VICTOR, *bas, à Félix.*

Prenons garde à nous.

ANGÉLINA, *avec intention.*

Ils avaient laissé, dans cette capitale du monde, des souvenirs... les femmes surtout!...

FÉLIX, *avec satisfaction.*

Les femmes, dites-vous?

ANGÉLINA.

Elles en parlaient avec une sensibilité...

FÉLIX.

Ce n'est pas étonnant.

VICTOR, *bas.*

Tais-toi donc!

FÉLIX, *de même.*

Des femmes, pas de danger.

ANGÉLINA.

Toute la ville s'en occupait...

AIR : *Il me faudrait quitter l'empire.*

Pour eux point de femmes sévères ;
Contre eux plus d'un mari brutal.
A deux sentiments bien contraires
Leur départ donna le signal ;
C'était vraiment un trouble général :
On en parlait d'un air affable,
Ou l'on maudissait leur séjour ;
On espérait, on craignait leur retour.
Je les ai vu, enfin, donner au diable,
Et recommander à l'amour.

FÉLIX.

Eh bien, voilà mot à mot ce que je me disais : A combien de femmes délicieuses nous avons fait verser des pleurs!...

VICTOR, *à part.*

L'imprudent!

ANGÉLINA.

Comment! vous seriez...

FÉLIX.

Eh oui, lieutenant, ces jeunes et aimables artistes que vous voulez connaître, qui ont laissé tant de souvenirs à Rome... vous les voyez!

ANGÉLINA.

Ah! messieurs, que je rends grâce au hasard de m'avoir conduit dans ce château pour y rencontrer des illustres comme vous, des gens dont la réputation...

VICTOR, *embarrassé.*

Trop de bonté, vraiment.

ANGÉLINA.

Mais si je me souviens bien de ce qu'on m'a raconté, l'un de vous, soit dit sans déplaire à l'autre, l'emportait sur son ami par le nombre de ses conquêtes, la rapidité de ses victoires... On le nommait, je crois, attendez... d'Hérigny.

FÉLIX.

Oh!

Il s'arrête à un geste de Victor.

Vous gardez le silence?

VICTOR.

Mon ami a trop de modestie pour se vanter à mes dépens, et moi trop de discrétion pour lui ravir une partie de sa gloire.

ANGÉLINA.

En ce cas, monsieur d'Hérigny...

VICTOR, *avec dignité.*

Est l'un de nous deux, lieutenant.

ANGÉLINA.

Pardon, je ne veux pas être indiscret non plus ; je vous avouerai cependant que j'ai pour le connaître des motifs qui doivent flatter son amour-propre... Une sœur fort jolie, trop sensible peut-être au mérite de monsieur d'Hérigny...

VICTOR, *à part.*

Une sœur! serait-ce?... En effet, plus je le regarde... sa ressemblance avec le portrait...

ANGÉLINA.

Elle a su qu'il allait à Paris, et m'a chargé de prendre sur lui des informations et de voir s'il est digne de l'estime toute particulière qu'il a inspirée.

FÉLIX, *bas, à Victor.*

C'est une bonne fortune!

VICTOR, *bas, à Félix.*

C'est un piège!

ANGÉLINA.

Les apparences sont favorables à tous les deux ; mais ne pourrais-je savoir...

VICTOR.

Vous oubliez, lieutenant, que vous vous êtes vanté de nous amener les invisibles du château.

ANGÉLINA, *à part.*

Ils ne se trahiront pas! changeons de batterie. (*Haut.*) Eh bien, messieurs... c'est en vain que vous prétendez me cacher lequel de vous est d'Hérigny ; si la ruse ne me l'a pas fait découvrir, j'espère que l'honneur va le faire nommer. Connaissez-moi, messieurs ; je ne suis pas le lieutenant Forcemont, mais le jeune frère de monsieur d'Erlac!

VICTOR *et* FÉLIX, *à part.*

D'Erlac!

ANGÉLINA.

Et je viens pour venger mon frère.

FÉLIX, *à part.*

Décidément, il paraît qu'il a succombé.

VICTOR, *de même.*

Angélina serait la sœur de ce malheureux!

ANGÉLINA.

Répondez : quel est le meurtrier?

VICTOR *et* FÉLIX, *spontanément.*

C'est moi.

ANGÉLINA.

Encore, messieurs!

VICTOR.

Oui, lieutenant, c'est nous.

AIR : *Fille à qui l'on dit un secret.*

Chacun sait que tout est commun
Entre deux amis véritables ;
Tous les deux nous ne faisons qu'un,
Et nous sommes inséparables...

ANGÉLINA.

Eh quoi! vous seriez parents?

VICTOR.
Non !
L'amitié fait notre alliance ;
Mais nous portons tous deux le nom
De celui des deux qu'on offense...
VICTOR *et* FÉLIX, *se donnant la main.*
Chacun de nous porte le nom
De celui des deux qu'on offense.
ANGÉLINA, *à part.*
Me voilà bien avancée ! (*Haut.*) Alors, messieurs, c'est sur vous deux que je vais exercer ma vengeance. J'ai apporté des armes ; l'embarras est de trouver des témoins.
FÉLIX.
Nous sommes deux.
ANGÉLINA.
Moi, je suis seul, et vous avez sans doute trop de loyauté !...
VICTOR.
L'un de nous vous suivra seul, lieutenant.
ANGÉLINA.
Choisissez donc lequel aura l'honneur de me combattre le premier. Je vous attends là-bas, près de la grille du parc... le temps d'aller chercher mes pistolets. (*A part.*) Encore une petite promenade. (*Haut.*) Un coup de feu vous donnera le signal du combat. Par un autre, j'annoncerai à celui qui sera resté la défaite de son ami, et je crois qu'il n'attendra pas longtemps.
VICTOR.
Lieutenant !
ANGÉLINA.
Non ! j'ai le malheur d'être heureux dans tous mes duels... j'en suis fâché pour vous.
FÉLIX.
Lieutenant !
ANGÉLINA.
AIR *des Puritains.*

Je comprends vos alarmes,
Et j'y trouve des charmes ;
Vous me rendez les armes,
J'en serai glorieux !

ENSEMBLE.
VICTOR *et* FÉLIX.
Vainement nos alarmes
Vous offrent quelques charmes ;
Vous mettez bas les armes
Devant l'un de nous deux.

Angélina sort par le fond.

SCÈNE VII.
VICTOR, FÉLIX.
VICTOR.
Quelle insolence !
FÉLIX.
Il mérite une bonne leçon.
VICTOR.
C'est à moi de la lui donner.
FÉLIX.
Pourquoi pas à moi !... est-ce que tu ne croirais pas à mon courage ?

VICTOR.
Oh ! si fait, mon cher, autant qu'à ton amour-propre.
FÉLIX.
Eh bien, je veux que l'un me donne des droits à l'autre.
VICTOR.
C'est inutile, et je vais devancer l'heure du combat.
FÉLIX, *le retenant.*
Non ; si je suis le plus étourdi, je suis aussi le plus entêté.
VICTOR, *riant.*
Vous verrez que nous nous battrons pour savoir celui qui doit se battre.
FÉLIX.
D'ailleurs, c'est ma faute... il vient nous parler là de nos succès amoureux...
VICTOR.
Il t'a pris par ton faible.
FÉLIX.
Et mon indiscrétion lui a appris qui nous sommes...
VICTOR.
Il le savait d'avance ; son plan était fait.
FÉLIX.
C'est égal, j'ai eu tort et je veux m'en punir.
VICTOR.
Alors que le sort en décide.
FÉLIX.
Le sort...
VICTOR.
Donne-moi la bourse.
FÉLIX.
Tu le veux absolument ? (*Il lui donne la bourse ; Victor met quelques pièces dans sa main.*) Allons, là, voilà... fais bien tes réflexions...
VICTOR, *lui présentant la main fermée.*
Devine !
FÉLIX.
Le nombre favori des dieux, impair !
VICTOR, *ouvrant la main.*
J'ai gagné ! la fortune ne t'est pas fidèle...
FÉLIX.
C'est la première femme qui m'ait trahi.
VICTOR.
Et ce ne sera pas la dernière.
FÉLIX.
Victor, je t'en prie...
On entend un coup de pistolet.
VICTOR.
Le signal... attends-moi, je vais t'éviter la peine de descendre.
Il sort vivement par le fond.

SCÈNE VIII.
FÉLIX, *seul.*

Et l'honneur m'empêche de le suivre... Pauvre Victor ! maudit château ! que faire ? attendre... attendre ! quand je frémis d'impatience, quand mon ami, par ma faute... mais non, il l'a dit lui-même, tout était préparé. Ce château est habité par la famille d'Erlac; elle a médité contre nous une vengeance mystérieuse. (*Il va à la fenêtre.*) Je n'aperçois rien... heureusement Victor est brave et adroit, et ce lieutenant m'a tout simplement l'air d'un petit fanfaron... D'ailleurs, si mon ami succombe, ne suis-je pas la ! belle consolation pour lui !... Me voila bien guéri des aventures et des voyages. (*Il s'assied près de la table.*) Voici notre journal... j'ai envie de le mettre en pièces... Non, écrivons, puisque nous devons inscrire tout ce qui nous arrive de remarquable... d'ailleurs, j'ai de l'humeur; c'est tout ce qu'il faut pour un journal ! (*Il écrit.*) Situation pénible, catastrophe imprévue... chapitre... celui-là sera sérieux, par malheur; c'est le second... le duel avec d Erlac d'a, bord... et celui-ci qui m'inquiète bien autrement, au point que j'en pleurerais, je crois, de rage... ou de crainte pour Victor. (*On entend des éclats de rire dans le cabinet voisin.*) Hein ! qu'est-ce que c'est ? que signifient ces éclats de rire... intempestifs ?... Eh ! parbleu, ils signifient que c'est un nouveau tour qu'on nous joue. Mais qui peut ainsi se moquer de moi ? une de nos dames, sans doute...Tâchons, en piquant sa vanité, de la déterminer à se faire voir.

AIR : *A la pauvre Bergère.* (Spectacle à la cour.)
Invisible inhumaine
Qui vous riez de nous,
Pour calmer notre peine
Que ne vous montrez-vous ?
Le ciel, je le parie,
Pour nous quel vilain tour,
Vous fit trop peu jolie
Pour paraître au grand jour ;
Mais pour calmer ma peine,
Belle ou laide, pour nous
Soyez moins inhumaine,
De grâce montrez-vous !

Point de réponse ! j'ai peut-être dit la vérité !... Mais Victor ne revient pas... Enfin, l'important pour moi c'est que je suis bien sûr maintenant que Victor ne se bat pas... (*On entend un coup de feu.*) Dieu ! le signal convenu... je me suis trompé ! Victor, je cours te venger !

Il sort précipitamment.

SCÈNE IX.

ANGÉLINA, *entrant en femme par la porte masquée.*

Ha ! ha ! ha ! il va chercher le prétendu lieutenant; je ne crois pas qu'il le rencontre dans le parc. Ah ! je suis laide !... voyez un peu l'impertinent... j'ai manqué paraître tout à coup... Oh ! non ce n'est pas lui qui est... si c'était Victor... je le voudrais ! le son de sa voix a je ne sais quel charme... et puis dans ce bal où je les rencontrai tous deux, en dansant avec Victor ses regards semblaient me dire : Que je serais heureux de vous plaire... Ceux de Félix disaient presque : Je vous plais... et d'ailleurs l'opinion qu'il a de moi...

AIR : *En vérité, je vous le dis*, de Bérat.
Vos arrêts ne sont pas suivis,
Quand vous ne me jugez pas belle ;
Sachez que mon miroir fidèle
N'est pas, monsieur, de votre avis.
Vous n'êtes point, je le parie,
Ce parent que je cherche en vain.
Lorsqu'on ne me croit pas jolie,
On ne peut être mon cousin.

Il est donc bien décidé... mais ce ne sont que des conjectures, et si le hasard en a autrement ordonné... ne désespérons pas cependant de connaître d'Hérigny ; il serait humiliant pour une femme de ne pouvoir surprendre le secret de deux étourdis. Je les entends; rentrons encore une fois, et méditons l'entrevue que je vais avoir avec eux.

Elle sort par la porte cachée.

SCÈNE X.

VICTOR, FÉLIX.

FÉLIX.

Embrassons-nous encore ! D'honneur, j'ai tremblé pour ta vie.

VICTOR.

Et moi donc ! je cherchais partout ce lieutenant; j'entends un coup de feu ; je crains une trahison, je crains que tu n'en sois victime, j'accours...

FÉLIX.

Et tu me rencontres cherchant l'ennemi commun...

VICTOR.

Le lâche !

FÉLIX.

Il a eu peur de moi.

VICTOR, *avec ironie.*

Je le soupçonnerais...

FÉLIX.

Tiens, Victor, il y a ici trop de mystères... ce château est une énigme perpétuelle; nous ne sommes pas en sûreté.

VICTOR.

Ainsi ton avis serait...

FÉLIX.

De nous en aller.

VICTOR.

Et nos belles invisibles ! tu renonces à les voir, à les inscrire sur ta liste... est-ce qu'un guerrier bat jamais en retraite au moment du combat ?

FÉLIX.

Non, parbleu ! mais je ne suis pas pour vaincre de loin... surtout la beauté; c'est un ennemi que j'aime à combattre de près.

VICTOR.

Raison de plus pour l'attendre de pied ferme.

FÉLIX.

Non, mon ami ; tiens, j'abdique le métier de

conquérant!... l'ambition est éteinte dans mon âme... et je cède à la voix touchante de l'humanité...

VICTOR.

C'est très-généreux! mais moi qui n'ai pas tyrannisé les cœurs, je ne dois pas au monde l'exemple d'un sacrifice aussi héroïque; et je ne quitterai ce château que lorsque j'aurai vu cette charmante Angélina, qui, sans doute, est la dame de Lyon.

FÉLIX.

Il faut donc te faire un aveu pénible. Ce que nous éprouvons ressemble à une mystification; aveugle que tu es... nous sommes ici les jouets de je ne sais qui: tantôt c'est une Juliette qui nous fait parcourir tout le parc, tantôt une Angélina qui nous apprend son joli nom, sans nous montrer son visage, qui n'est, peut-être, pas joli du tout. Des éclats de rire indécents; un maître d'hôtel qui oublie notre déjeuner; un lieutenant qui nous provoque et ne se trouve pas au rendez-vous... on nous prend pour des écoliers! Fuyons ce maudit château, où des jeunes gens de notre mérite sont évidemment compromis... et courons à Paris; c'est là que, trouvant enfin notre cousine de la Martinique, nous retrouverons l'abondance et les plaisirs.

VICTOR.

Quoi! décidément tu ne veux pas mettre fin à cette aventure périlleuse?

FÉLIX.

Je vais faire ma malle.

VICTOR.

C'est-à-dire ton paquet. Allons, je vais faire le mien.

FÉLIX.

D'abord je remets la bourse; elle ne nous appartient pas.

VICTOR.

Et le portrait?

FÉLIX.

C'est différent! je ne rends jamais un portrait.

VICTOR.

Par droit de conquête?

FÉLIX.

Non, pour me rendre compte à moi-même... Cependant, puisque tu le veux... (*Il le met sur la table, avec la bourse, et parlant très-haut :*) Mesdames, nous n'avons plus rien à vous.

VICTOR, *élevant la voix.*

Adieu! château mystérieux!

FÉLIX.

Adieu! lutins invisibles...

VICTOR, *de même.*

Adieu! cruelle Angélina!

Il entre dans sa chambre.

FÉLIX, *de même.*

Adieu! capricieuse Juliette!

Il entre aussi dans sa chambre.

SCÈNE XI.

ANGÉLINA, *entrant par la porte du milieu.*

Non! messieurs! non, vous ne partirez pas ainsi... sans me dire lequel de vous deux est d'Hérigny... Oh! j'y tiens! Et si cependant ce n'était pas Victor qui fût mon cousin... Ils font chacun leur modeste paquet... ce ne sera pas long; asseyons-nous, et préparons-nous à les recevoir...

Elle s'assied.

SCÈNE XII.

ANGÉLINA, VICTOR, *puis* FÉLIX.

VICTOR, *son petit paquet dans un mouchoir, une canne et un chapeau.*

Es-tu prêt, Félix!... Que vois-je! c'est elle!

Il jette son paquet et son chapeau sur la table.

FÉLIX, *de même.*

Eh bien! me voilà! O ciel! la dame de Lyon...

VICTOR.

C'est vous, charmante Angélina!

ANGÉLINA.

Messieurs, pourriez-vous me dire...

FÉLIX.

C'est vous, adorable Juliette!

ANGÉLINA.

Mais, messieurs, je voudrais savoir...

VICTOR *et* FÉLIX, *chacun d'un côté.*

AIR : *Change, change-moi.* (Chatte métamorphosée.)

Nous brûlons pour vous;
Mais l'un de nous
Peut seul prétendre
Au nœud le plus doux,
Puisque, hélas! vous
Ne pourrez prendre
Qu'un seul époux!...

VICTOR.

Ah! de l'un de nous deux
Daigner combler les vœux;
L'autre, sans vous haïr,
Saura souffrir.

FÉLIX.

A votre arrêt formel,
Qu'il soit doux ou cruel,
D'avance je souscris...

VICTOR.

Moi, j'obéis...

ENSEMBLE.

Nous brûlons pour vous;
Mais l'un de nous
Peut seul prétendre
Au nœud le plus doux,
Puisque, hélas! vous
Ne pouvez prendre
Qu'un seul époux!...

ANGÉLINA.
Ce langage m'étonne autant que votre présence, messieurs...

VICTOR.
Cessez, de grâce, de vous faire un jeu cruel de notre situation.

ANGÉLINA.
Veuillez vous expliquer...

FÉLIX.
Vous ne nous avez pas fait égarer hier au soir à la porte de votre château?...

ANGÉLINA.
Quelle folie!...

VICTOR.
Et cette voix si douce, la vôtre, je crois, qui m'a fait entendre le nom d'Angélina?...

ANGÉLINA.
Je ne connais pas d'écho dans ce château...

FÉLIX.
Et ce lieutenant qui est venu nous provoquer?

ANGÉLINA.
Vous lui avez sans doute fait mordre la poussière?

FÉLIX.
Vous ne nierez pas cette bourse jetée à nos pieds... Je vous jure que nous ne l'avons pas apportée...

VICTOR.
Vous reconnaîtrez sans doute ce portrait enchanteur?

ANGÉLINA.
Mon portrait! je devine tout... c'est mon amie, une inconséquente, qui habite avec moi.. elle a conduit tout cela. Ah! messieurs.. que je vous dois d'excuses!

FÉLIX et VICTOR.
Madame...

ANGÉLINA.
A quoi ne vous exposait-elle pas? Vous vous serez crus peut-être en bonne fortune? Mais je vais tout réparer en donnant l'ordre qu'on vous reconduise... je serais au désespoir de retarder votre retour auprès de toutes les belles qui vous attendent à Paris.

VICTOR.
Quelle est votre injustice!

ANGÉLINA, *à part, et regardant Victor*.
Ah! si c'était lui!

VICTOR.
Rappelez-vous l'intérêt que vous daignâtes me montrer à ce bal où j'eus le bonheur de vous rencontrer, à Lyon.

FÉLIX.
N'oubliez pas que mes hommages ont paru vous être agréables.

VICTOR.
Prononcez, charmante Angélina!

FÉLIX.
Ou Juliette; madame ne nous a pas dit son nom...

ANGÉLINA.
J'ignore encore les vôtres, messieurs; je sais qu'on est souvent forcé de les cacher... les jeunes gens, par exemple, le chapitre des intrigues, celui des créanciers, les affaires d'honneur... celles-là surtout exigent de la prudence.

FÉLIX, *à part*.
Encore ce duel!

VICTOR, *à part*.
Que veut-elle dire?

ANGÉLINA.
Mais prenez garde aux femmes!

FÉLIX.
Comment! madame!

ANGÉLINA.
Eh! sans doute! vous ne savez pas qui je suis, tandis que moi... (*à part*) je n'en sais guère plus. (*Haut*.) Il faut donc venir à votre secours, quitter l'incognito qui vous désole, et vous apprendre que l'une de nous deux se nomme d'Hérigny.

VICTOR *et* FÉLIX.
D'Hérigny!...

ANGÉLINA, *à part*.
C'est singulier, ils n'ont pas été plus troublés l'un que l'autre...

FÉLIX.
Quoi! nous sommes dans le château de madame d'Hérigny?

VICTOR.
Et vous seriez vous-même....

ANGÉLINA.
Je ne dis pas cela; je vous prends pour modèle, messieurs, et je ne soulève qu'à demi le voile qui nous couvre... mais j'étais bien sûre de la surprise que vous causerait ce nom... Je soupçonne qu'il est de votre connaissance.

FÉLIX.
Oui, madame; nous avons beaucoup connu dans nos voyages un jeune homme qui s'appelait ainsi.

ANGÉLINA, *à Félix, avec intention*.
J'aurais parié que vous avez voyagé avec lui... Quoi qu'il en soit, messieurs, on dit qu'il est notre cousin...

FÉLIX.
Votre cousin?

ANGÉLINA.
De mon amie ou de moi, n'importe... nous le cherchons depuis longtemps. On nous en a dit beaucoup de mal, et nous ne pouvons mieux nous adresser qu'à vous pour fixer notre opinion à cet égard.

VICTOR.
Il ne m'appartient pas d'en faire l'éloge.

FÉLIX.
Moi, je ne saurais en parler favorablement; on pourrait me taxer de partialité.

ANGÉLINA, *à part*.
Ils ne diront rien! Allons, la dernière épreuve. (*Haut*.) On prétend que l'esprit de contradiction est quelquefois celui des femmes. Le mal qu'on nous a rapporté de notre cousin nous en a fait penser du bien. Le caprice et la curiosité s'en

sont mêlés, et nous avons pris toutes les deux la résolution de nous disputer son cœur.
VICTOR et FÉLIX.
Quel bonheur!
ANGÉLINA.
Un moment! En attendant que je vous présente à mon amie, je dois vous faire part de la différence qui existe entre nous...
AIR : *L'amour qu'Edmond.*
L'une est, dit-on, jolie et sage...
FÉLIX.
Jolie! ah! sans doute c'est vous...
ANGÉLINA.
L'autre a la richesse en partage.
VICTOR.
Ce n'est pas un attrait pour nous.
ANGÉLINA.
L'une cherche toujours à plaire.
FÉLIX.
Vous y réussissez au mieux...
ANGÉLINA.
L'autre est étourdie et légère...
VICTOR.
Ce n'est pas vous!
ANGÉLINA.
Non, c'est nous deux.
VICTOR.
De grâce! faites cesser notre incertitude; daigner nous assurer que d'Hérigny sera l'heureux mortel que vous choisirez...
ANGÉLINA, *à part.*
C'est Victor!
FÉLIX.
Prononcez!.. cédez à notre juste impatience...
ANGÉLINA, *à part.*
Serait-ce Félix? (*Haut.*) Eh bien! oui, messieurs, c'est d'Hérigny!
FÉLIX, *se jetant vivement à ses pieds.*
Ah! madame! ce mot charmant vient combler mes vœux; vous me voyez dans une ivresse...
ANGÉLINA.
Que dites-vous? quoi! monsieur, vous seriez...
FÉLIX.
Oui, madame!.. le plus heureux des hommes, puisque vous venez de prononcer le bonheur de mon ami...
ANGÉLINA, *à part.*
Je respire... il m'a fait une peur!
VICTOR.
Oui, je suis d'Hérigny. Parente ou étrangère, Angélina ou Juliette, riche ou privée des dons de la fortune, vous serez toujours celle que j'aimerai jusqu'à mon dernier soupir.
ANGÉLINA.
Je suis payée pour croire aux pressentiments; mais ce château vous appartient, Victor; j'ai des comptes à régler avec vous, car je suis Angélina d'Hérigny.
FÉLIX.
Heureux coquin!.. de la fortune et une jolie femme!... mais, belle cousine, vous n'êtes pas quitte envers moi... Vous sentez bien qu'il me faut ma part du bonheur général... D'ailleurs,
Victor, je réclame l'exécution de notre pacte... Tout doit être commun entre nous, tu le sais.
ANGÉLINA, *souriant.*
Vraiment?
VICTOR.
Désolé, mon ami, mais... (*regardant tendrement Angélina*) un cœur est trop étroit pour être partagé!
FÉLIX.
Je m'explique... (*A Angélina.*) Et votre amie, l'aimable Juliette?
ANGÉLINA.
N'est que ma femme de chambre...
FÉLIX.
A merveille... ainsi le lieutenant,..
ANGÉLINA.
Comment trouvez-vous que j'aie joué son rôle?...
FÉLIX.
Comme un diable!
VICTOR.
Comme un ange... mais comment donc avez-vous su mon duel avec d'Erlac?
ANGÉLINA, *souriant.*
Je l'ai lu dans un journal...
FÉLIX.
Dans un journal?
ANGÉLINA, *leur indiquant le leur, qui est resté sur la table.*
De voyage!
VICTOR.
Ah! étourdis que nous sommes!
ANGÉLINA.
Il m'a révélé ce mystère... et je pense que l'amour vous a déjà expliqué tous les autres.
CHOEUR.
AIR : *Oui, vraiment, sur-le-champ* (de Suzanne, P.-R.).
Aujourd'hui
Plus d'ennui!
Car ce mariage,
De nos jours
Va, je gage,
Embellir le cours.
ANGÉLINA, *au public.*
AIR *du Piége.*
On dit souvent qu'il faut, pour être heureux,
Sur son bonheur qu'on garde le silence.
Lorsque l'hymen comble ici tous mes vœux,
D'un sort si doux j'ai l'espérance;
Car nous pouvons nous flatter en ce jour
D'être discrets; mais bien loin de vous taire,
Si vous approuvez notre amour,
Daignez, messieurs, n'en pas faire un mystère;
Ah! n'en faites pas un mystère!...
REPRISE DU CHOEUR.
Aujourd'hui
Plus d'ennui,
Car ce mariage,
De nos jours
Va, je gage,
Embellir le cours.

FIN.

PARIS. — IMPRIMERIE DONDEY-DUPRÉ,
RUE SAINT-LOUIS, 46, AU MARAIS.

EN VENTE CHEZ LES MÊME LIBRAIRES :

INGRES, à POITIERS, magasin de musique et de lithographie en la cour.
LASSERRE DE BOUVEM, rue du Moulin, vend, à Pré, 4 cours.
ANTONIME, ou la vie d'école, orné d'une gravure, 2 vol. in-12, 2 francs.
FRANÇOISE, ou la douleur de choisir, 1 vol. in-12, orné de 2 grav.
LE BAISER DANS LA CHAUMIÈRE, 1 vol. in-12, 1 franc.
LE MALHEUR DE SCUDÉRY, 2 vol. in-12, 2 fr. 50 c.
INGEBURG, ou l'amour et le mystère, orné, 1 vol. in-12, 1 fr. 50.

Imprimerie de A. G. Boucher-Crespin, rue Saint-Louis, 46, au Marais.

EN VENTE CHEZ LE MÊME LIBRAIRE.

LUCRÈCE A POITIERS, tragédie mêlée de vaudevilles, en 1 acte.
L'ASSASSIN DE BOYVIN, vaud. en 1 acte.
ANTONINE ou LA CRÉOLE, com.-vaud. en 3 actes.
FRANCESCA ou LE CONSEIL DE GUERRE, com.-vaud. en 3 actes.
LE BAISER PAR LA FENÊTRE, vaud. en 1 acte.
LE MARIAGE DE SCARRON, com.-vaud. en 1 acte.
ANGÉLINA ou AMOUR ET MYSTÈRE, com.-vaud. en 1 acte.

Imprimerie de Mme Ve DONDEY-DUPRÉ, rue Saint-Louis, 46, au Marais.

www.ingramcontent.com/pod-product-compliance
Lightning Source LLC
Chambersburg PA
CBHW071420060426
42450CB00009BA/1960